Es
NAVIDAD

TODO SOBRE
LOS ÁNGELES

KRISTEN RAJCZAK NELSON

TRADUCIDO POR ESTHER SARFATTI

PowerKiDS press.

NEW YORK

Published in 2020 by The Rosen Publishing Group, Inc.
29 East 21st Street, New York, NY 10010

First Edition

Translator: Esther Sarfatti
Editor, Spanish: Ana María García
Book Design: Reann Nye

Photo Credits: Cover Harry Fodor/EyeEm/Getty Images; p. 5 Westend61/Getty Images; p. 7 https://commons.wikimedia.org/wiki/File:Bartolom%C3%A9_Esteban_Perez_Murillo_023.jpg; p. 9 Christophel Fine Art/Universal Images Group/Getty Images; p. 11 Cio/Shutterstock.com; p. 13 Gwoeii/Shutterstock.com; p. 15 © www.istockphoto.com/PoppyPixels; p. 17 3523studio/Shutterstock.com; p. 19 Hulton Archive/Getty Images; p. 21 © www.istockphoto.com/izzzy71; p. 22 Alexxndr/Shutterstock.com.

Cataloging-in-Publication Data
Names: Rajczak Nelson, Kristen.
Title: Todo sobre los ángeles / Kristen Rajczak Nelson.
Description: New York : PowerKids Press, 2020. | Series: Es Navidad | Includes glossary and index.
Identifiers: ISBN 9781725305076 (pbk.) | ISBN 9781725305090 (library bound) | ISBN 9781725305083 (6pack)
Subjects: LCSH: Angels—Juvenile literature. | Jesus Christ–Nativity—Juvenile literature.
Classification: LCC BL477.R35 2020 | DDC 202'.15—dc23

CPSIA Compliance Information: Batch #CSPK19. For Further Information contact Rosen Publishing, New York, New York at 1-800-237-9932.

CONTENIDO

LOS ÁNGELES DE NAVIDAD

La palabra *ángel* viene de una palabra griega que significa "mensajero". En la religión cristiana y en otras religiones, se cree que los ángeles son mensajeros de Dios. Entonces, ¿por qué encontramos a menudo ángeles en lo alto de los árboles de Navidad hoy en día? ¡Estos mensajeros son una parte importante de la historia de la primera Navidad!

LAS HISTORIAS DE LA BIBLIA

Los ángeles aparecen en muchas historias de la Biblia. Este es el libro más importante para la gente que practica la **fe** cristiana. El ángel Gabriel visitó a una joven llamada María y le dijo que iba a ser madre del hijo de Dios, Jesús. El nacimiento de Jesús es lo que **celebran** los cristianos en Navidad.

La Biblia dice que un ángel también visitó al que iba a ser esposo de María, José, para decirle que sería el padre de Jesús en la tierra. Después, cuando Jesús nació, ¡los ángeles aparecieron en el cielo! Dijeron a los **pastores**, que estaban en el campo cuidando de sus ovejas, que el hijo de Dios había nacido en la ciudad de Belén.

9

EN EL ÁRBOL

Estas historias de la Biblia son la razón por la cual los ángeles son un **símbolo** de la época navideña. Sin embargo, ¡no siempre fue así! Durante mucho tiempo, los cristianos tenían otras creencias acerca de los ángeles. Algunos creían que eran mentes sin cuerpos. Pero en el siglo XVI, la gente comenzó a poner formas de ángeles en los árboles de Navidad.

11

Los ángeles se ponían en lo alto de los árboles porque así se parecían más a los ángeles que aparecieron en el cielo después del nacimiento de Jesús. Los cristianos creían que poniéndolos en sus árboles ¡también servían para **ahuyentar** a los malos espíritus! La gente comenzó a pensar en los ángeles como protectores de las personas en la tierra.

13

Los ángeles también dejaron otra huella en los árboles de Navidad: el oropel. Estas cintas brillantes pasaron a formar parte de esta fiesta cuando los antiguos cristianos comenzaron a contar a sus hijos que los ángeles **decoraban** los árboles de Navidad. Estas finas cintas eran los cabellos que los ángeles dejaban atrás. Al principio, estos "cabellos de ángel" se hacían de papel. Después, se comenzaron a hacer de metales como la plata y el aluminio.

15

También había otras maneras de poner ángeles en los árboles. Al principio, la gente hacía galletas en forma de ángeles para decorar los árboles o utilizaba paja para hacer **adornos** de ángeles. En el siglo XIX, comenzaron a hacer ángeles de cristal. Hoy en día, los ángeles de Navidad se hacen de todo tipo de **materiales**, ¡y a veces tocan música o se encienden!

EL ÁNGEL DE LA REINA

Poner un ángel en lo alto del árbol de Navidad se volvió más popular a partir de 1848. En un cuadro del árbol de Navidad de la reina de Inglaterra, se mostraba a la familia real reunida alrededor de un árbol con un ángel en su parte superior. Cada vez más gente en Gran Bretaña y Estados Unidos empezó a colocar un ángel en la punta del árbol de Navidad.

19

LOS ÁNGELES DE NAVIDAD HOY

Hoy en día es muy común que la gente tenga un árbol de Navidad en casa. En estos árboles a veces se pone un ángel en la punta aunque los dueños no sean cristianos. A menudo, los ángeles de Navidad van vestidos de blanco y tienen alas y un **halo**. Esta es la apariencia que tienen en las pinturas antiguas, aunque los ángeles de tu árbol seguramente tengan un aspecto más divertido.

Los ángeles se han convertido en un símbolo de luz y esperanza durante todo el año. ¡Muchas personas creen que las cuida un **ángel de la guarda**! Hay gente no cristiana que también cree en los ángeles. Sean cuales sean tus creencias, ¡los ángeles siempre serán una parte maravillosa de la Navidad!

GLOSARIO

adorno: pequeño objeto decorativo que se pone en otra cosa para hacerlo más atractivo.

ahuyentar: hacer que una persona, animal o cosa se vaya.

angel de la guarda: alguien que nos protege y cuida a lo largo de nuestras vidas.

celebrar: hacer algo especial en un día o evento particular.

decorar: hacer que algo tenga un aspecto bonito añadiéndole algún adorno.

fe: un conjunto de creencias que sigue una persona.

halo: círculo de luz que rodea la cabeza de una persona santa en algunas obras de arte.

material: algo que se usa para hacer otra cosa.

pastor: persona que cuida ovejas.

símbolo: algo que representa otra cosa.

ÍNDICE

SITIOS DE INTERNET

Debido a que los enlaces de Internet cambian constantemente, PowerKids Press
ha creado una lista de sitios de Internet relacionados con el tema de este libro.
Este sitio se actualiza con regularidad. Por favor, utiliza este enlace para acceder a
la lista: www.powerkidslinks.com/IC/angels